뭉티기

뭉티기

초판 1쇄 2023년 6월 13일
지은이 김종필
책임편집 최문성
디자인 도로시
펴낸이 최문성
펴낸곳 도서출판 달구북
출판등록 제2022-000001호
      주소 › 대구광역시 수성구 범안로4안길 28, 1층 (범물동)
      전화 › 070.4175.7470 팩스 › 0504.199.0257
      전자우편 › dalgubook21@naver.com
      홈페이지 › www.달구북.com

© 2023, 김종필

ISBN 979-11-90458-23-8 (03810)

값은 뒤표지에 있습니다.

이 책은 저작권법에 따라 보호받는 저작물이므로 무단 전재 및 복제를 금합니다. 내용의 전부 또는 일부를 이용하려면 반드시 저작권자와 도서출판 달구북의 서면 동의를 받아야 합니다.

2023년 대구문화예술진흥원 <문학작품집발간지원사업> 선정작입니다.

뭉티기

초설

김종필

달구북

시를 먹다

시는 읽는 것일까?
아니다! 먹고 느낄 수 있다.
시를 어떻게 먹느냐고?
너무 모르는 소리다.

시는 가없이 맛있는 음식이다.
맵고 짜고, 달고 쓰고, 울고 웃고, 죽고 살고…

그 시들을 차려 놓았다.
행여 배부르다고, 배고프다고 원망하지 마시라.
배탈이 나도 나는 모르는 일이다.

과연 참 맛있는 시집이라고 소문나면 좋겠다.

2023 여름의 문턱에서
초설 쓰다

• 차 례 •

• 시를 먹다 ... 초설

1부

춘

012　　　따로국밥

014　　　수구레국밥

015　　　콩국

016　　　참게가리장국

018　　　홍합탕

020　　　논메기매운탕

021　　　동태맑은탕

023　　　나새이된장국

024　　　갱시기

026　　　묵밥

027　　　떡국

029　　　추어탕

031　　　부대찌개

033　　　미역국

035　　　깡통꽁치

036　　　비지찌개

037　　　무청시래깃국

038　　　장어탕

2부

하

042 뭉티기
044 막창구이
046 복불고기
048 피조개
050 양미리구이
051 돈까스
053 북성로 불고기 우동
055 칼치
057 고추부각
058 이태리달걀찜
060 양푼이찜갈비
061 묵은김치찌짐
063 미나리찌짐
065 닭발
066 간

3부

추

070 　누른국수
072 　야끼우동
073 　납짝만두
075 　국화빵
076 　냉면
078 　수제비
079 　짜장면
082 　절편
083 　두부
084 　잡채
085 　월남쌈
087 　식빵
088 　라면
089 　찜닭
091 　콩나물잡채
092 　바나나

4부 동

096　　　숙주나물
097　　　미꾸라지
099　　　김치 할매
101　　　잔술
103　　　김밥
105　　　멸치
107　　　배추뿌리
109　　　메주콩
111　　　깍두기
113　　　과메기
114　　　무침회
115　　　홍게
116　　　전복죽
117　　　충무김밥
119　　　박바가지밥
120　　　땡초
122　　　연잎밥
123　　　가시두릅
124　　　더덕
125　　　쑥
126　　　얼갈이배추
128　　　뚱딴지
130　　　옻순

• 환대의 기억과 슬픔의 시간을 먹다 … 황정산(시인, 문학평론가) 132

따로국밥

수구래국밥

콩국

참게가리장국

홍합탕

논메기매운탕

동태맑은탕

나새이된장국

갱시기

묵밥

떡국

추어탕

부대찌개

미역국

깡통꽁치

비지찌개

무청시래깃국

장어탕

1부

춘

따로국밥

그냥 국밥 아니라 따로국밥
고개 갸웃할 수 있습니다

꼭

"따로국밥 주세요."
크게 외쳐야 합니다

귀한 양반 점잖게 먹는 밥이
따로국밥이었다지요
양반 아닌 사람 있을까요

쌀밥에 갖은 반찬 곁들이는 따로국밥
목울대 꿀렁이면
실없이 헛기침해도 좋습니다

이래저래 부대끼며
훌훌 불어 후루룩 마시는 국밥

앞선 시간 반추하듯
입 안에 든 밥알 굴리며 음미하는 따로국밥

맛 다르지요
사는 모습 다른 것처럼

귀한 그대 만난 오늘은
따로국밥 먹고 싶습니다

수구레국밥

사는 일 싱겁고 차가울 때
은근히 맵고 뜨거운
시뻘건 풀더미처럼 쌓아 올린 수구레국밥

볼 불룩하게 우걱우걱 씹으면
속 확 뜨거워지고
뚝배기 비워지는 만큼 그리움 차오르는데

옆자리 늙은 부모와 자손들
서로 다독이며 흥겹게 먹는 모습 보면
목젖에 걸려 눈물 나기도 하지

돌아오지 않는 어미 그리운 송아지처럼
눈 끔벅이며 먹는 수구레국밥

*수구레_소의 가죽에서 벗겨 낸 질긴 지방 고기

콩국

군복 입고 돌아오던 그 추웠던 날
밤 기차에서 졸다 대구역 광장 귀퉁이
포장마차 속 다닥다닥 붙어 서서 먹던
유부 찹쌀꽈배기 동동 뜨는 콩국
뾰족한 우울 방울방울 녹여 내렸지

그냥 우울할 때 설탕 조금 더
마냥 즐거울 때 소금 조금 더

늙고 작아지는 귀 시린 겨울이지만
귀 달린 작은 양은냄비에 담긴
노랗고 구수한 콩국 앞에 놓고
낯설지 않은 누군가 마주 앉길
바람 날 선 겨울 외롭지 않았으면

참게가리장국

가을 햇살 마구 뿌려지는 하동 솔숲
섬진강 모래밭 맨발로 걸었습니다
지나는 하동시장 재첩국집 보였지만
오늘은 이름 낯선
참게가리장국 대접받는 날입니다

항아리 뚝배기에 펄펄 끓는 참게탕
서른 즈음 임진강에서 먹었던 빨간 기억 얼큰한데
드디어 몹시 궁금했던
보기에 된장국인가 싶은
눈 뗄 수 없는 참게가리장국 보글보글

마음도 달달하게 끓었습니다
입술 핥아야 할 만큼
걸쭉하고 고소한 죽 맛
따로 나온 여린 방아잎 한 꼬집 더하니
온몸에 스미는 향
한 숟갈 더 먹으니 눈 감기는

"오, 뜨거운 아이스크림 맛이네!"

저마다 앞접시에 퍼담아 먹으며
한 마디씩 더하는 첫 맛
뽀얀 누룽지까지 살살 긁어먹고
처음 만나는 사람 알아가듯
숟가락 돌려 핥으며 내려놓았습니다
첫 느낌 좋아야 끝도 좋은

*가리_'가루'의 경남 방언

홍합탕

시장 가는 새벽녘 단비 내렸고
큰 내 얼굴 가리고 남을
버즘나무 낙엽 융단처럼 덮였는데
한 잎 주워 털어보니
가을이 서럽게 울었나 보다

어둠 벗겨지는 시장 언저리
둥그런 탁자마다
옅은 안개 같은 김이 오르고

젖은 깃 터는 한 쌍
통통한 분홍빛 맛살
서로 손가락 빨아먹듯
넣어주고 넣어주고

불 지핀 솥 가까이 앉아
더 뜨거운 사랑을 훔쳐보네

검고 날카로운 뼈 속
은밀하게 숨긴 부끄러운 속살
새어 나오는 촉촉함
더 참을 수 없는 흥분으로
뼈와 뼈 사이 벌리고 마는

괜히 낯선 등에 얼굴 가리는 부끄러움
뜨겁게 펄펄 끓는 사랑

논메기매운탕

통무 넣고 오래 끓인 국물
고춧가루 다진 마늘
맛간장에 버무린 양념 풀고
고추 대파 미나리 버섯 따위 덮어
눈이 촉촉하도록 푹 끓이고
잡내 없애는 산초 뿌리면
징그럽게 시린 속 풀어주는

마음이 싱거울 때
다진 마늘 한 숟갈 더 넣고 휘저어 먹으면
감사 기도처럼 터지는 말
그래 이 맛이야

먹어 봐야 맛을 아느냐는 말 궤변이야
하루에 하루 더하는 삶
죽을힘 다해 살아 봐야 사는 맛 아는 거지
그래 이 맛이야

동태맑은탕

바라보는 내가 착하기 때문이었을까
앞니 없어 더 착하게 보이는 아저씨
동태를 사정없이 장 바닥에 패대기치며 웃는데
비늘 같은 얼음 부스러기만 뛸 뿐
동태는 살아 있는 듯 너무 멀쩡
큰 놈 고르는 손들 바쁘게 움직이고
패대기치는 아저씨 우습게 여기던
동태 목이 작두칼에 사정없이 잘렸다

멸치 다시마로 소금 밑간 국물 만들고
무 나박썰고 엇썰은 대파 콩나물
다진 마늘 매운 고추 넣고
펄펄 끓이다가 두부 넣어도 맛나지
언 속 시원하게 녹여주는 국물
동태 부드러운 살 겨자장 찍어 먹으면
짜릿한 입김 뿜어지는데

맛있게 먹었으면 됐지 실실 웃으며
동태탕 먹는 것은 잔인한 짓이라네
이미 얼어 죽은 동태 어쩌란 말이냐고
작두에 잘린 대가리마저
잔인하다고 말하며 먹는
그 어처구니없는 입 더 잔인한 거야
굳이 말하지 않아도 되는 것을
내뱉는 더러운 입들

나새이된장국

나새이된장국
나새이칼국수
나새이부침개

앞에 나새이만 붙이면
고급 음식 된다는 걸
엄마 손이
호미였을 때는 몰랐다

*나새이_'냉이'의 경상, 강원 방언

갱시기

손발 꽁꽁 얼어붙을 때
따뜻한 구들 아랫목
두꺼운 이불 뒤집어쓰고
뜨거운 갱시기 후후 불며 먹던 기억난다고 중얼거렸더니
또래 공장 일꾼들도 가난한 시절이었지만
식구들 오들오들 떨며 먹던 날 그립다고

멸치 끓여 낸 국물에
먹다 남은 김치 더 잘게 썰고
밥 한 주걱 쌀떡 한 줌
콩나물 달걀 풀고 김가루 뿌려 간 본 후
참기름 한 방울 똑

한 숟갈 먹으니
더 맛있는 거 못 먹여 애타던 엄마
한 숟갈 먹으니
이미 늙었던 아버지

한 숟갈 먹으니
내 밥그릇 넘보던 형들

궁상스럽던 그 겨울 저녁 그리워
숟가락 들고
멍하니 입 열고 있으니
아내가 툭 툭

*갱시기_'김치국밥, 갱생이, 갱죽, 국시기' 등으로 불림

묵밥

묵은 말랑하다
입에 들어가는 것 중
더 말랑한 것은 없다
익은 김치 잘게 썬 고명
검은 눈처럼 뿌려진 김가루
그냥 보기만 해도
아 입술 벌어진다
첫 키스가 이 맛이었을까
말랑하고 달다

떡국

평소보다 일찍 잠들었다
새벽 3시경 아내가 잠들지 못하는 걸 알았다
왜 흐린 아침은 무작정 나서고 싶을까
묵직한 안갯속 물가 이르면
세상 밖 세상이겠지
겨울잠보다 더 깊은 아침잠
이맘때 둘이 꼭 가는 곳이 있다는 걸 잊었나
반곡지 복숭아꽃 피었다는데

주말 출근하는 아들 나가고
무엇을 먹을까 냉장고를 뒤적여
쌀떡 불려 놓고
새우 표고 대파 따위 다듬는데
떡국 좋아하는 아내가
언제 일어났는지 식탁에 앉아 잔소리해도
그러거나 말거나
끓는 물에 참치액젓 밑간하고
떡 두부 달걀 대파 넣고

후추와 김가루 더한 두부떡국 차렸더니
생각보다 맛있다며 빙긋이 웃길래
살아갈수록 내가 더 맛있게 끓이지요
설거지하고 반곡지 갈까요 했더니
설거지는 그냥 놔두라 하네

추어탕

배추시래기 토란대 나물 수북한
뭉글뭉글 끓은 추어탕
다진 마늘 청양고추
비린내 잡는 제피가루 더하니
나를 걷어찼던 매운 여자처럼 칼칼한데

참소주 초록 앞치마 두른 주모
오래 기다리지 않아도
봄비 내리면
올 걸 알았다는 착한 눈빛이다

넘칠 것 같던 국물 낮아지면
간절히 부르지 않아도
처음처럼 두 국자 더해 주는데
해 보이지 않아도
사랑 스미듯 아침 오고
새순 수양버들처럼 가는 여자
막걸리잔 깨물며 배시시 웃는다

잠 많은 사람들 몰려들고
마주 앉은 남자에게
그 여자 누구냐고
물러서지 않고 채근하는 여자
뜨거운 것은 속도만 다를 뿐 식기 마련이다

추어탕 식었다

부대찌개

검문소 옆 부대찌개 식당 개업하는 날
미군부대 쓰레기 쏘세지 아니고
수입 맛있는 스팸이라고 자랑 넘쳤다
라면 먹을 때 곁들이라 김치 들려주며
부대찌개는 무조건 김치가 맛있어야 한다고
거듭 긴 자랑 풀었다

스팸과 쏘세지 김치 두부만 들어가면 맛없고
방망이 소고기가루 들어가야
진짜 맛있다는 말
하고 또 하고
남편이라는 싸가지 없는 놈
고속버스 안내양과 바람나 나가 살고
소아마비 몸으로
시엄마와 전처 자식 내 자식 둘 돌본다는
신세타령도 잊지 않았다

일요일 아침 숙취 풀려고

부대찌개 끓여 먹으며

문득 오래된 기억에 잠시 가슴 먹먹했다

미역국

가난했던 엄마가 세상으로 날 데려온 날
몸조리 미역국 먹지 못했다는데
해마다 잊지 않고 미역국 먹었습니다
국물 덜 먹고
뭉글해진 미역만 건져 먹을 때 많습니다
국은 끓일수록 속정 깊은 맛 나지요
어쩌다 아내가 집 오래 비울 때는
곰국 대신 미역국 한 솥 넘치게 끓입니다
끼니마다 먹을 수 있으니 더 좋습니다
그래도 날 가려서 먹으라는데

기쁜 날 천일
슬픈 날 천일

하루도 쉽지 않은 세상사
내일은 누구도 모르지요

지난밤 불려 놓았다 끓인
혀에 감기는 뜨끈한 미역국
한 방울도 남기지 않은 힘으로
어떤 일과 말에도 미끄러지지 않고
저녁까지 거뜬하길요

깡통꽁치

여러 반찬 냉장고에 넣어 두었으나
밥상 차리고 설거지 귀찮은 아들
데운 밥 깡통참치 비벼 먹는데
하는 짓 날 닮았다
중얼거렸을 아내 생각하며 웃다가
문득 깡통꽁치찌개 먹고 싶었다
작은 냄비에 밑물 얕게 붓고
살짝 묵은 김치 감자 썰어 넣고
감자 익을 때쯤
깡통꽁치 다진 마늘 대파 얹어
자글자글 끓을 때
고운 고춧가루 한 숟갈 뿌리면
뼈까지 씹히는 고소함
차가운 소주 한 잔 참을 수 없는 맛
만만한 홍어나 가오리가 아니라 깡통꽁치지만
맛은 만만하지 않는

비지찌개

두부 만들고 남은 찌꺼기 사다
김치나 시래기 넣고 푹 끓인 찌개
가난이라는 깔끄러움 때문에
주는 대로 억지로 먹어야 했지만
돼지비계 들어간 비지찌개
먹은 날은 부잣집 아들 같았지

공장 식당에서 돼지고기 들어간
비지찌개 먹을 때
누가 말했어
요즘은 부자들이 비지찌개 먹는다더라
그 말에 고개 들지 않았어

돼지코 먼지 후비며 퇴근할 때
비계 많은 돼지목살 한 근 끊어 왔지

무청시래깃국

강아지똥 권정생 선생님 살던 조탑리
늦가을 문학기행 갔다
어느 집 처마 밑에 줄줄이 엮어 매달은
무청시래기 보니

쌀뜨물에 된장 풀은 무청시래깃국
국그릇 넘치도록 먹어도
돌아서면 배고팠던 내가
처마 밑에 쪼그려 개미집 뭉개고 있었다

돌아오는 길 배부르니 아무 생각 없네
빌뱅이 언덕에 쪼그려 앉아
골골대던 권정생 선생님은
날마다 북쪽 배고픈 아이들 생각했다는데

장어탕

시장에 포장만 되는
작은 장어구이집 생겼다길래
점심때 먹으려고 갔는데
힘 뻗치는 장어 보니
거짓말처럼 아랫도리가 꿈틀
생각보다 가격이 싸지만
대가리와 뼈 주지 않는다고
그런 경우 어딨냐고 해봤지만
돌아오는 대답은
말없이 얕보는 웃음이었다
그냥 물러설 수 없었고
뱀처럼 머리 쳐들며
대가리와 뼈 주지 않으면
그냥 가겠다고 했더니
못 이기는 척
장어 손질을 하기 시작했다
고마운 마음에
대가리와 뼈로 탕을 끓이기 위한 거라고

아픈 사람 먹을 거라고 주절거려도 듣는 척 않더니
구이를 종이상자에 담아 놓고
세 마리 대가리 뼈로 탕이 되겠냐며
냉장고를 뒤적여
장어즙 만들어 팔려고 준비해 놓은
대가리와 뼈 두 봉지를 덤으로 주었다
장어 머리 자르고
배를 가르며
다 듣고 있었던 것이다
덤으로 준 것은
사람을 살리는 약이요 정
내 것 아깝지 않은 사람 있을까
쳐들었던 머리가 머쓱해
고맙습니다 몇 번 고개 숙이니
손 흔들며 웃어 주었고
넉넉한 대가리와 뼈 푹 우러난 국물은
소금 알갱이 하나 더하지 않아도
막 뻗치는 힘이었다

뭉티기

막창구이

복불고기

피조개

양미리구이

돈까스

북성로 불고기 우동

칼치

고추부각

이태리달걀찜

양푼이찜갈비

묵은김치찌짐

미나리찌짐

닭발

간

2부

하

뭉티기

소 엉덩이 뭉텅뭉텅 막 썬 뭉티기
구이 수육보다 먹기 거북스럽지만
다진 마늘 고춧가루 참기름 양념장 찍어
눈 질끈 감고 먹으면 인절미 맛

공장일 몹시 힘겨울 때면
하루 품으로 먹는
뭉글뭉글 핏덩이처럼 검붉은 뭉티기

가을 잎 물들 듯 말라가는 나이
기왕이면 몸에 좋은 뭉티기 자주 먹으라던
젊은 한의사 말처럼
된밥에 뭉티기 한 점이면 힘 불끈

오직 몸으로 살아내야 하는 처지
혼자 다 먹을 수 있는 한 접시뿐이지만
내 살 한 점 떼어 주는 마음이면
세상살이 간격 좁혀질까 생각하는 목요일

막창구이

잘게 썬 쪽파
다진 매운 고추 버무린 양념장에
노릇노릇 구운 막창
그냥 찍어 먹어도 좋고
불판 가장자리에 구운 통마늘 얹은 쌈은
말문 덜컥 막히는 맛

같은 막창 같은 양념장인데
부산에서 먹는 막창구이는
목 넘김이 쉽지 않은 맛이었다고

막 넘어가는 막창구이는
막다른 어두운 골목
화려한 조명 비추는 도심 어디든
대구에서 먹어야 하는 약속

기생오라비 서울 나그네
징그러운 막창을 어떻게 먹느냐 묻길래
배부르면 가려서 먹지만
배고프면 눈에 보이는 대로 집어먹는다며
야릇하게 웃었어

복불고기

자전거로 시장 다녀오던 아내가
전화기 떨어뜨렸는데
손님 대접하려고 두어 번 갔었던
복어 식당 아줌마가
문 앞 청소하다 주웠습니다

찾은 전화기 앞에 두고
처음 먹는 복불고기 주문했는데
콩나물 덮은 시뻘건 양념장
김이 오를 즈음
골고루 뒤적이며 볶는데
깊이 숨긴 하얀 복어살 붉게 물들고
아삭하고 매콤한 콩나물
혀에 부드럽게 녹는 복어살
복어처럼 배가 불렀습니다

독 많이 품은 복어 더 맛있다는데
복어 식당 앞 지나면서
저래서야 가게 월세나 낼 수 있을까
오지랖 걱정하지 않도록
복어가 맛있는 독 많이 뿜었으면 좋겠습니다

"주일에는 쉽니다."

탄식처럼 걸어 둔 안내판 떼어도 좋을 만큼
손님 맞는 부부 얼굴 웃음 빵빵하도록
주님이 손님을 날마다 모아주면 좋겠습니다

피조개

내 시 좋아하는 순천 여자는
봄 올 무렵이면
동백꽃 한 아름 보내주었고
숨 막히는 여름
파도 바람 마시게 해주었지
사람이라면 염치 있어야지
시집이라도 보낼 수 있어 다행이었고
콩잎 샛노랗게 물들 때
붉은 노을 물든
순천만 갈대 받으니
또 기다리는 마음 들뜨고
수북하게 쌓인 단풍잎 서리 맞을 때
갓난아이 주먹만 한
피조개 한 망 가득 담겨왔다
굵은소금으로 해감한 핏빛 속살

회로 먹고
삶아 먹고
튀겨 먹고

처음 먹는 찰진 맛 불끈 힘 솟으니
한 해 넘어가는 담쟁이 검게 물들어도
웃는 얼굴 피조개 속살처럼 붉겠지

양미리구이

을씨년스러운 저녁
작년 오늘처럼 모여들어
이 겨울 석쇠에 처음 굽는 양미리
고이는 침 삼키며
그동안 잘 지냈느냐 묻고
교통사고로 병원에 있는 아이
시골에 홀로 지내시는 부모
베트남 처가 다녀온
살아내는 이야기 맛나게 구우며
머리부터 꼬리까지 고루 익은
알배기 양미리 한 입 베어 물고
더 따뜻한 말씨
양미리 알처럼 쏟아놓을 수 있으니
아직은 살만하다

돈까스

늦가을 토요일 저녁이었을 거다
의정부 중앙시장 근처
지하 경양식집 '준' 물어 찾아갔다
부대 식당 근무하는
방위병 익현이 주방장이라
저녁 술밥 초대받았는데
그는 한때 프로 복싱 선수였다
지갑에 K.O 패 당할 때
쓰러지는 사진 간직하고 있던
속 알 수 없는 친구

잇몸 무너지고 눈 짓무를 만큼
수십 년 동안 쓰러지고 일어서고
오뚝이처럼 살아온 세월
살만해져 일식집 찾아가
부드럽고 바삭한 돈까스 먹을 때

인생 2막이 가려져 있는 듯한
주방에서 내 이름을 부르며 나오면
손 번쩍 들어 맞고 싶었어

그날 두툼하고 큼지막한 돈까스는
인생 역전 K.O 승 할 거라는 믿음이었으니까

북성로 불고기 우동

없는 거 말고 무엇이든 있는
각종 공구 자재상 밀집된
대구 북성로
포장마차 연탄불에 굽고 끓이는
돼지불고기 냄비우동 더 유명한데

늦은 밤 취객 택시 기사들
심심한 허기 달래주던
포장마차 돼지불고기 우동
입소문으로 불처럼 번져
새벽녘 골목마다 불 밝힌 포장마차
삐걱거리는 어깨 부딪치며
연탄불 입은 새까만 불고기와 냄비우동 소주
그 시간 그 기분
아무리 돈 많아도 더 맛있는 건 없고

낯모르는 처지에도
기꺼이 한 잔 아끼지 않고

허튼소리 들어주는
골목마다 시끌시끌 늘어났던 포장마차
도심 흉물이라고
이제는 볼 수 없어 안타깝지만
석쇠불고기 우동 당당하게 골목 지키니

비 내리고
눈 내리는
매캐한 북성로 가면

스물 나
서른 나
마흔 나

함께 골목 누비며 노래하던
아름다운 그대들 만나지
사라졌다고 기억마저 지워지는 것은 아니니까

칼치

집어등 낚시에 걸려 올라오는
은빛 자태 찬란한 칼치

구이를 하든
찌개를 하든

잔가시 바르기 귀찮아서
눈치 살피다
세상에서 가장 게으르다는
타박 들어야
부드러운 살 먹을 수 있는데
먹거나 말거나
그냥 놔두면 될 것을
속 훌러덩 뒤집는 흉보며
잔가시 발라주니
싸움 불씨 되는 칼치

먹어야 할 까닭 없다고
함부로 말했다가는
목숨 위태로울 거 같아
주는 대로 받아먹지만
내 살 될지 모를 일

귀찮아 그런 것이 아니라
먹지 않고 버티면
맛나게 먹도록 해주는 사랑에
익숙해진 거라 우기며
그대 밥 위
잔가시 바른 칼치살 올리네

고추부각

서리가 내릴 즈음
끝물 풋고추 찹쌀풀 묻혀
대나무 채반에 널어
장독 뚜껑에 올려 말리고 튀기면
매콤한 과자
매운 걸 먹지 못하는 아이
눈물 날 지경에도 자꾸 손이 가는
정수리 찡 울리도록
군침 고이던 맛

그토록 맵게 살아
고독한 어른이 되었고
겨울비 내리는 저녁
입술 부르트는
그 시절 매운 그리움
고추부각 지그시 깨물고
뼈를 찌르는 고통 참는 아이를
내 안으로 들인다

이태리달걀찜

음식으로 장난친다 혼날까
아내 외출하길 기다렸다가
냉장고 구석구석 뒤져
찌짐 부치는 넓은 팬에
스팸을 잘게 썰고
양파 느타리버섯 시금치
숨죽을 정도만 볶아
우유에 풀은 달걀물 버터 한 조각
후춧가루 골고루
치즈 넉넉하게 막 때려 넣고
방울토마토 없어 몹시 아쉽지만
노랗고 파랗게 그려진 그림
팬 뚜껑 덮어
약한 불에 부드럽게
익기 기다리는 동안

문득 더 진지하게 살아낼 수 있을 거 같다는 생각
그동안 막걸리만 마셨는데
맛 모르는 와인 마셔도 어색하지 않을 나
변해도 살 수 있겠다는

양푼이찜갈비

마늘향 깊은 매운 찜갈비
부들부들한 살 발라 먹고
빈 주머니 뒤적이던 손
뼈에 묻은 양념 빨아먹고
바닥 양념으로 밥 볶고
김가루 뿌려주니
그나마 아쉬움 떨칠 수 있었지

식당 나서며
돈 많이 벌면 꼭 다시 와야지
고추 마늘 대파
그토록 매운 세월 살았어도
여전히 주머니 얇지만
식구 거느렸으니 목소리 울리도록 주문했지

"여기요! 찜갈비 추가!"

맛있게 먹고
더 열심히 살면 되는 거야

묵은김치찌짐

김장 김치 담지 않은 지 몇 해
살짝 군내 나는 묵은 김치 반 포기
양념 씻고
찬물에 이틀 담가 두었더니
역한 군내 없어지고
잘게 썰어
더 구수하게 먹으려고
두부 으깨어 반죽에 더하니
부드럽고 고소하고
알갱이 씹는 맛도 좋고

무엇이라도 오래되면
역한 냄새 풍기지만
참고 또 참고 살다 보면
함께 한 걸음만큼
냄새에 익숙하게 되지

내다 버리고 싶을 때
가없이 많았다고 하면서도
내 곁에 참으로 오래
묵은 정으로 남아 준 그대
상처처럼 검게 탄 흔적 걷어내고
젓가락으로 헤집어 삼키는데
참 미안하고 고맙고

미나리찌짐

하릴없이 뒹굴거리던 주말 오후
지직지직 미나리찌짐 부치는 이명이
누군가 나를 부르는 것 같아
벌떡 일어나 은자골로 오라고 했지
봄 미나리는 향 먹지만
늦가을 미나리는 아삭거리는 맛
홍어찌짐 나왔지만
젓가락은 미나리찌짐만 찾네
살다 보면 조연이 주연 되기도 하지
미나리는 흔들림 없는 주연
식당 이모 낮은 목소리로
홍어찌짐 맛이 없냐고 물었지만
그냥 웃었고
우리는 오랫동안 미나리 찬양했지
억척으로 살아온 이야기
누구도 대신할 수 없는 삶이니까

언제 주문했는지
집으로 가는 동무 손에
지금 아니면 들을 수 없는 아삭거리는 소리
걸음이 씩씩하네
주인공만 아름다워야 하는 것은 아니야
멀어지는 뒷모습 보이지 않을 때까지
미나리 미나리 미나리…

닭발

슬픔 삼킬 수 없으면
시뻘건 양념 닭발
오도독오도독 씹으며
꼬끼오 꼬끼오
마디마디 울어야 해
참으면 더 아플 뿐야

간

텁텁한 간이 맛난 것은
맛소금 때문이다
아무리 생각해도 다른 이유 없다
만일 있다면
가장 값싼 안주이기 때문일 거다

힘과 돈 많이 가지려면
더 많거나 이용 가치 있는 사람 앞에서
무조건 간 떼놓고
무조건 납작 엎드려야 한다는데

돈 없고 힘 없고 무식한 나는
간이 찰순대보다 맛있고
떼면 죽는다고 생각하니
가끔 허파 뒤집어질 때 있고

간 조금 더 썰어주는 아주머니가
속없이 좋은 것이다

누른국수

야끼우동

납짝만두

국화빵

냉면

수제비

짜장면

절편

두부

잡채

월남쌈

식빵

라면

찜닭

콩나물잡채

바나나

3부

추

누른국수

노란 소국 시들한 아침
허리 굽힌 엄마
키 높이 홍두깨로
밀가루 반죽
얇고 넓고 둥글게 펴는 걸
나무처럼 서서 바라보았습니다

"국수 공장에서 받으시지, 힘들게 밀고 계시네요.
 엄마 생각나서 보기는 참 좋습니다."

"엄마 생각나지요. 엄마 생각하며 하는 일입니다.
 장사라고 생각하면 힘들어요.
 맞벌이 자식 대신 손녀 돌보며 해요."

더 둥글둥글 넓게 펴지는 반죽
구수하게 뿌려지는 콩가루
야채국물에 애호박 달걀 고명 올린
엄마 정성이 쫄깃한 누른국수

그 시장 그 식당 앞 지날 때면
살아서 돌아온 듯 마음 풀어지고
혼잣말 안부 여쭙습니다
오래도록 누른국수 말아주세요
당신이 내 엄마입니다

야끼우동

공장에서 야근할 때
저녁밥은 중국 음식 배달해 먹습니다
짜장면 짬뽕 볶음밥
어쩌다 눈치 살피며 야끼우동 주문합니다
양파 당근 양배추 숙주 버섯
깐새우 홍합 얇게 썬 돼지고기
걸쭉하게 볶고
정구지 살짝 얹은
짜장면 먹던 어린 짝 부럽게 보는 맛
너무 미안할 만큼 맛나지요
나무젓가락으로 둘둘둘 말아
짜장면 그릇에 놓습니다

함께 일하고
나누어 먹고
어깨를 걸고

궁합이 맞아
뜨겁고 고된 일에 달달 볶여도
어우러지는 맛

납짝만두

모래 다리 건너 국민학교 입학하고
세상에 만두가 있다는 걸 알았다
학교 앞 문방구에서 팔았는데
나뭇잎처럼 얇은 만두피
속에 털실처럼 꼬불꼬불 엉킨 당면
연탄 화덕 철판에 구워내는 구수한 냄새
말 그대로 환장할 지경
학용품 값 부풀려도
배부르게 먹을 수 없었던
속 훤히 비치는 반달 납짝만두
마른 낙엽처럼 바삭 굽는 게 아니라
촉촉한 낙엽처럼 구워
정확하게 절반 잘라 겹겹 포개고
파 간장 듬뿍 끼얹어
간장 밑으로 털어내 먹으며
혹 하나 더 주려나 마음 졸인 기억

낯선 땅에서 온 손님 대접했더니
속이 비어
니 맛도 내 맛도 없는 걸 왜 먹느냐고
그 맛에 먹는 거라고
한 번만 더 먹으면 내 마음 아실 거라 했지
겪어보지 않은 시간을

국화빵

무쇠틀에 구워내는 빵이 붕어빵만 있는 건 아니다 묽은 밀가루 반죽에 팥앙금 들어간 국화빵은 소국보다 좀 커서 한 입에 쏙! 넣을 수 있는데 식지 않은 걸 쏙 넣었다가 혀가 녹을 수 있다

기억에 국화빵이 아니라 걸배이빵이라 불리기도 했는데 다들 가난했던 때라 길에서 파는 국화빵 사달라고 조르는 아이 달래느라고 걸배이들 먹는 빵이라고 그랬는지 확실치 않다

살수록 옛 맛이 그립고 그 시절 동무들도 그립다 먼저 간 태달아 붕어빵 재료상 숙현아 마트 하는 규필아 생선 팔던 경조야 얌전이 은숙아 멋쟁이 애란아 우리는 식은 국화빵처럼 늙어가니

냉면

냉면은 귀 시릴 때라야
달게 먹는다고 들었는데
물냉면 좋아하지만
가을 지나 만난 동무
메밀비빔냉면 권했고
머리 절반 절개하는
끔찍한 뇌수술 받았음에도
겨우 눈 부실한
나를 걱정하며 웃었다

숨 쉬면 모든 것 찰나고
예측은 예측일 뿐이라고
겨울에 먹던 냉면을
여름에 즐겨 먹는 것은
선택일 뿐이라는 거
죽음까지 갔다 돌아오니
귀하지 않은 삶 없고

어제 나보다
더 착하게 살아야 한다며
한 번만 잘라도 되는 면
두 번씩 잘라준 내 동무

수제비

먹구름 치렁치렁한 저녁
목련잎 같은 수제비
펄펄 끓어오르는 걸 보고 싶어
말랑하지만 목 넘김 쉽지 않은 수제비 끓입니다

마구 쏟아지는 소낙비 피하듯
살아남는 일이 힘들 때
제발 그쳐라
양은냄비에 수제비 떼어 넣었지요
국물에 식은 밥 말며
수제비는 그만 먹고 싶었는데

스텐냄비에 남은 수제비 부풀어도
아깝지 않은 날이 왔습니다

짜장면

전태일에게 짜장면 대접하는
작은 중국 식당 주방장에게
억울해도 행복하게 사는 방법에 대해
묻고 배우고 반했습니다

"배가 죽을 만큼 고파서
 중국 식당 배달부 되었습니다
 짜장면 냄새만 맡고
 국자로 머리 맞는 날 더 많았지요
 그 국자 없애고 싶을 만큼
 갖고 싶은 마음 간절했습니다
 느닷없이 머리 두 대 맞고
 새알 혹이 불거졌는데
 짜장면은 눈물 나도록 맛있었습니다
 사는 일 두렵고 서러웠던 열다섯
 너무 서툴렀지만
 그 맛 잊지 않고 배웠습니다

세 얻어 독립했을 때
짜장면 맛있다는 소문으로
돈 넘치게 벌었고
허름한 건물 사서
짜장면집 옮겨 차렸습니다
내 손끝에서 찰지게 나오던
맛은 그대로입니다
더 가지려는 욕심 버리고
더 나누려는 마음으로
하루를 살았기 때문일 겁니다
나처럼 배움 없어도 되는 일이지요
하루 더 늙은 오늘도
짜장면 지키러 나갑니다
남 손에 맡겼더니
손님 입맛 칼이라
단칼에 발길 끊었습니다
그 입맛 잃어버리는 날
망설임 없이 국자 놓을 것입니다."

배운 도둑질에 생애 바치는
주방장 마음 담은 짜장면
볶은 양파 한 조각 남기지 않고
바닥까지 긁어먹는
예의 바른 손님이고 싶습니다

절편

바쁜 명절마다 떡집 일 도우며
도장에 인주 묻히듯이
떡살 절편에 힘주어 꾸욱 누르니
눈꽃 같은 하얀 국화 피었다
아무나 할 수 있는 일인데도
어설픈 솜씨 자랑하며 한바탕 웃으니
밤새 일한 피로 떨어지는 아침
그냥 먹어도 맛있지만
절편에 핀 국화향 짙다 킁킁거리니까
다들 웃는 얼굴로 고개 끄덕이며
나도 너도 맡아보자 하네
맑은 마음으로 향기 맡을 수 있으니
절편 국화꽃 세 송이 더 피었네

두부

물에 튀기고
기름에 굽고
찌개 끓이고
찌짐 부치고

죗값 치르고 출소하면
착하게 살라고 먹이는

두부 한 입 먹으며
어두운 새벽 걷어내는 아침

아무리 생각하고 짚어도
두부보다 착한 음식 없는데
두부 같은 사람 있을까

있는 듯
없는 듯

나보다 부족한 사람 위하는
더 빛나게 하는

잡채

닥치는 대로 모아서
불리고 살살 볶으면

뜨거운 꽃처럼 피니
맛은 말하면 잔소리

낯가림 없이
어서 모이자

너는 너대로
나는 나대로

뜻이 맞아 모였으니
열이라도 한 맛이지

월남쌈

미지근한 물에 적신
둥근 쌀종이
고기 달걀
채 썬 갖은 색깔
채소 과일 겹겹이 쌓아
반 접고
양 끝 오므려
나머지 반 돌돌 말아
걸쭉한 들깨 양념 푹 찍어 먹으니
입 안에 월남꽃 피네

월남에서 살아 돌아와 자랑이던
막내 외삼촌 생각나네

전쟁 끝났고
엎드려 속죄해야 할
월남 가지 않고
월남쌈 먹을 수 있네

패인 총알 자국 볼 때마다
꽃 피면 다시 가고 싶다던
월남에서 돌아온 외팔이 김 상사
늙은 전설 되었네

식빵

어제 이른 퇴근하고 일복 벗어 걸었더니 본드 냄새 난다고 했다 20년 넘게 매일 하는 일이 본드 바르는 작업이니 당연한데 처음 듣는 말이었다 그동안 내게 무슨 냄새를 맡았던 걸까 다니던 직장 그만두니 오히려 내가 더 안쓰럽게 보이나 마음이 변했나 새벽에 일어나니 방문은 열려 있는데 보이지 않았다 전화도 받지 않아 걱정되는 마음에 본드 냄새나는 일복 입고 찾으러 나서려는데 현관문 열리는 소리 들렸다 이 또한 사는 동안 처음 있는 일이었다 잠이 오지 않아 새벽 골목 두어 시간 걸었다고 자백했지만 왜 그랬냐고 다그칠 수 없었고 문득 따뜻한 식빵 냄새 맡고 싶었다 식빵만 있어도 아무 걱정 없을 때 있었다 아마도 배고팠던 어느 날 기억일 것이다. 아침밥 물린 외진 출근길이라 빵집 없어 아쉬웠으나 하늘 올려다보니 파란 도마에 하얀 식빵이 널려있다 같은 하늘 보고 있겠지

라면

라면을 끓여 먹을 때는
반 쪼개는 게 좋다
외로움도 짧을 거니까

외로움 끓이고 있다면
노란 핵 그리움
미련 없이 휘저어 풀길

찜닭

소금 밑간 10호 생닭
다리와 날개 자르고
가슴을 열 조각 정도 나누어
흐르는 물에 씻고

바닥 깊고 넓은 팬에
고추씨기름 두르고 볶는다
껍데기 노릇 익을 즈음
카라멜 소스 조금
빛깔이 거무스름할 때
미리 우려 놓은 야채국물 감자 맛간장 더해 끓으면
당근 양파 양배추 대파 순
약한 불로 졸이다
불려 둔 당면과 땡초 넣어
센 불에 살짝 볶으면
다리가 몇 개였는지 기억나지 않는 찜닭

야채 값이 감당되지 않아
어느 한 가지 빼거나 덜 넣으면
처음 맛이 나지 않았는데
입맛이 변했다고 둘러댈 수 없는 것은
같은 감자일지라도
제주감자와 남지감자는 맛이 다르기 때문이다

덜 남아도 좋은 재료 아끼지 않는
고집스러운 정성 담은 요리가
먹는 사람도 만드는 사람도 대접받는 것이다
우리 사는 일이 요리와 다르겠는가

콩나물잡채

전주 사는 요리사 형이
콩나물잡채 맛있게 해준다길래
그냥 말 그대로
콩나물 넣은 잡채 생각했다

다시마 쪽파 당근 배 참깨

보물 찾듯 뒤적거렸는데
콩나물 보이지 않고
당면도 없었다
기어이 콩나물 내 입으로 찾았다

매콤 새콤 달콤

콩나물잡채에는 콩나물 들어가 있었다
믿어야 맛있고 편하게 산다

바나나

캄보디아에서 온 노동자 부부가
비닐봉지에 음식을 담아왔는데
닭 대가리까지 먹는 걸 보았기에
먹기가 꺼림직했으나

공손하게 대접하는 마음이 느껴져
어색하게 웃으며 떼어먹었더니
우물우물 삼킬 정도로 부드럽고 달콤한데
으깬 바나나가 씹혔다

빵이라 하기엔 찌짐 같고
찌짐이라 하기엔 빵 같은 맛

시장 귀퉁이 동남아 식품점 보면
김밥 떡볶이 맛있다며 엄지 치켜세우면서도
조국 음식 자랑하던 그들 생각나

집 떠나 먹는 음식 아무리 맛있어도
엄마가 사랑으로 물려주던 젖 맛은
젖 떼도 눈 감을 때까지 입이 기억한다지

숙주나물
미꾸라지
김치 할매
잔술
김밥
멸치
배추뿌리
메주콩
깍두기
과메기
무침회
홍게
전복죽
충무김밥
박바가지밥
땡초
연잎밥
가시두릅
더덕
쑥
얼갈이배추
뚱딴지
옻순

4부

동

숙주나물

녹두를 시루에서 싹 틔우면
야들하나 절개 없는 나물
삶아 짓이겨 만두소로 넣고
그냥 나물 무침 먹거나
고깃국에 많이 넣는데
마음마저 에이는 아침
어묵탕에 넣으면
속풀이 국물 우러나는 약

나물 파는 아줌마
사서 먹는 아저씨
누가 그를 생각할까
하늘 우러러 억울하다고 할 숙주
살아올 것도 아닌데
먹는 쓰임새 많고
맛이 좋으니 다행
어묵 무 숙주나물 넣고
한 사람 역사를 끓였네

미꾸라지

'이방 우포늪 미꾸라지'

골판지에 쓴 큰 글씨 읽는데
미꾸라지가 바구니를 탈출했습니다
이방 우포늪은 경남 창녕에 있습니다
논 미꾸라지 귀하니까
우포늪 미꾸라지라 믿고 싶은데
아마 중국산 미꾸라지겠지
귓속말하며 지나는 사람들이 많습니다
중국산 농수산물 수입되어
한국산 되는 것은 별스러운 이야기 아닌데도
그 말 들었는지
거품 뿜어대는 미꾸라지가 불쌍합니다
어차피 소금 뿌려 앗을 목숨인데
국적이 무슨 소용일까요
우포늪으로 돌려보내거나
중국으로 보낼 거 아니잖아요

바닥 미꾸라지는 건드리지 않으면
물 흐리지 않습니다
평안한 세상 거짓말로 휘젓고
요리조리 좋은 것만 쫓는 사람이
마구 분탕질하지요

김치 할매

토성 정문 앞 돌기둥에 기대
좌판 펴고 배추김치 팔던
합죽이 할매가 있었습니다
맛있다고 줄 서서 기다리는
젊은 손님 많았는데
어느 주말 할매가 보이지 않았습니다
그다음 주도 할매는 보이지 않고
손님들 모여 수런거렸습니다
누구도 할매 부재에 대해 아는 이 없었고
그저 속으로 짐작할 뿐이었습니다
할매 배추김치 맛은 사라졌지만
돌기둥 그대로 있으니
혹여 할매 웃으며 돌아오실까
덧없는 기대로 기다릴 때 있었습니다
오늘도 돌기둥 맞은편 서성이는데
부엉이 모형 파는 아줌마
"요즈음 보이지 않는 어른들은
 다 먼 길 갔다 생각하면 돼요.

저 기둥에 기대 김치 치대던 할매도
가신지 오래되었어요."
짐작 그대로였습니다
그가 누구이든
그리움으로 기억된다는 것은
아름다운 부재일 것입니다
천국에서도 숨죽은 배추 살리는 매콤한 양념
침 고이도록 곱고 맛나게 치대고 있을
손끝 매운 김치 할매 안녕하시지요

잔술

북적거리는 시장 끝으로 걸었다
선지국밥집 약속시간 남아
막걸리 잔술 한 잔 마실 요량
눈치 보지 않아도 되는 공짜 안주
일요일마다 다르니까
가끔 먹는 재미 쏠쏠하다
장떡 멸치볶음 깍두기 뻔데기
정구지찌짐 돼지껍데기
일 얻지 못한 날품 노동자
주머니 형편 넉넉지 않아 보이는 중늙은이들
일천 원 한 잔으로 배 채우고
그 틈에 끼어 마시는
막걸리 한 잔은 어떤 술보다 달다
목젖 탈 때는 얼음과 과일 띄워놓고
손끝 시릴 땐 연탄불에 데워주는 잔술
한 잔만 마시기 아쉬워
약속에 늦은 동무 손짓으로 불러
한 잔 권하니

길 위에 서서 한 잔 마시고
이쑤시개로 안주 찍어 먹는 맛에
뿌리내린 듯 옮길 생각 없고
걸쭉하게 그득한 잔술 비우며
사는 맛 뭐 별거냐 묻는다
아무리 내려놓고 비우려 애태워도
무엇 하나 속 시원하지 않을 때
찰랑찰랑 넘치는 잔술 마시고 내려놓는
그 시원함으로 잠시 웃을 수 있으니
산다는 거 그리 비우고 채우는 거

김밥

문득 김밥 먹고 싶을 때
시장 언저리 모녀 분식집으로 갑니다

엄마가 버스정류소 옆
분식 포장마차 했었는데
시집간 딸 물려받아
반듯한 건물 세 얻어
모녀가 시간제 직원과 함께할 만큼 커졌다는 이야기
동무에게 옮겼더니

시장 생선 좌판 하던 엄마 돕는 일
너무 초라하고 부끄러워
죽고 싶을 때 있었는데
시집가서 살다 보니
생선 장사하고 있더라며
이미 늦었지만
엄마에게 용서받고 싶다며 눈물짓더군요

파장 중인 시장 나서면서
김밥 둘둘 마는 걸 보니
손끝 꼼꼼한 엄마 닮았습니다
김밥이 산더미처럼 쌓였지만
걱정하는 기색 없습니다
엄마에게 배운 맛을 믿기 때문이겠지요

어릴 때 장사 심부름이 싫었고
공부하기 싫어할 때
너는 장사 같은 거 할 생각도 말라고 했지만
운명 같은 판박이 대물림

멸치

굵은 멸치 대가리 떼내고
배 가르고 똥 발라낸
멸치볶음이 도시락 반찬이면
얼굴에 웃음꽃 피었던 기억
늘 어제처럼 또렷

잔멸치 사러 갔을 때도
배 가른 멸치 반쪽
고추장이나 참기름장 찍어 먹으면
침이 감당되지 않는
똥 굵은 멸치만 보이는데

가장 맛있는 것은
속이 들여다보이는 멸치라고 들었음에도
그 기억 지울 수 없는
내 마음 읽었는지
아내가 굵은 멸치 담았고

젊은 엄마 무릎에 붙어 앉아
굵은 멸치 대가리 떼내고
비늘 반짝이는 배를 갈라
새까만 똥 발라내며 침 흘리는
늙은 내가 머리 긁적인다

배추뿌리

해 짧고 바람 소리 거칠더니
북쪽 김장 소식 내려온다
해마다 아버지는
늙은 복숭아나무 자른 텃밭에
김장 무 배추 심었고
배추 절임 하기 위해
낫으로 포기 도려내면
야물게 박혀 있는 굵은 뿌리
삽과 호미로 캐냈다
먹을 게 귀하던 시절
욕심부려
이웃집 배추뿌리도 캤는데

어른 되고 사철 먹거리 넘치니
언젠가 선술집 배추뿌리가
비싼 인삼 대접이라
어이없는 웃음이 터졌다
추억만 남겨 준 아버지 먼 길 떠나시고

한 뼘 언 땅 없는 나는
김장이라는 말만 들어도
아삭아삭 그리웠네

메주콩

마당에 흩날리는 낙엽 쓸고
큰 무쇠솥 짚 뭉쳐 말끔하게 닦아
미리 불린 콩 안치고
아궁이 장작불 들어가면
한 김 빼고
바닥에 깔린 콩
눌어붙지 않도록 지켜 서서
긴 나무주걱으로 뒤집어 휘젓고
엄마가 색깔만 보고
콩 한 줌 식혀
침 삼키는 철부지 양손에 쥐여주면
구수한 향 나는 콩 한 줌 더 먹으려고
나무절구에 박바가지로 퍼담아
알갱이 뭉그러지도록 빻는 걸 해보겠다 나서지만
콩 빻기는 아버지도 힘겨운 일
됫박에 다지고
손으로 매만져 동그랗게 메주 만들면

아버지가 마술사처럼
손바닥 마주 비비니 가는 짚 끈 나오고
메주 엮어 걸 즈음
그때는 무슨 말인지 몰랐던 말씀

"그냥 입으로 들어가는 것은
 아무것도 없다."

깍두기

스물 푸르렀던 애늙은이 시절
동두천 설렁탕 맛있다는 식당 갔었지
식탁마다 놓인 작은 항아리
빨갛게 곰삭은 깍두기 가득했고

설렁탕보다 깍두기 맛있는 식당
손님들이 앞접시에
깍두기 몇 번씩 퍼담아 먹는 게 놀라웠고
국밥이나 탕 먹을 때
꼭 깍두기 곁들여야 더 맛있다는 걸
그때 알았지

무깍두기만 있는 줄 알았는데
곰삭지 않고 상큼한
참외깍두기 배깍두기도 맛있고

특별하지 않지만
특별한 대접받는 깍두기

특별한 것은
오히려 아무것도 아닌 것
세상은 머리칼 짧게 깎은 사람 깍두기라 비하하지만
항아리 속에서 맛나게 익은 깍두기처럼
특별하지 않은 사람이 좋아

과메기

얼었다 녹았다

고소함 흘러내리는 꽁치과메기
첫눈 내려야 맛있다는데

저녁 와도
아침 와도

얼었다 녹았다

기다림에 애타는 마음 비릿하네
첫눈 내려야 맛있다는데

무침회

주머니 얇은 청춘들이
교동 뒷골목 스며
질보다 양 많아야 하기에
누군가 나서 흥정했고
데친 오징어 소라 우렁이
미나리 채 썬 무
골고루 수북한 무침회
시원하고 코끝 찡한 맛
얼큰해진 얼굴로
저마다 주머니 뒤적여
한 접시 더 먹으며
보듬어 살아가는 법 배웠지
가끔 사는 일 막막하고
동무가 그리울 때
무작정 무침회 먹으러 가면
즐거운 안부 들을까

홍게

파도 소리 빼곡하게 들어 있는
붉은 마디 마디 하얀 살 바르고
바다향 그윽한 내장 긁어
당근 부추 김가루 고루 썩어
찬밥 덩이 풀어 볶음밥 만드는 동안
남은 한 마리 풍덩 넣고
눈으로만 먹어 본 라면 끓여
상 차렸더니 온통 붉은 바다
마음으로 잔잔한 바다 품었으니
멀고 먼 바다 건너 소식 없는
당신만 돌아오시면 됩니다

전복죽

당진 처제가 전복 보내주었는데
엊저녁은 알배기배추로 무침회
오늘은 전복살 썰고 다지고
남겨 둔 내장 더하여
전복껍데기 넣고 끓인 국물로
볶은 찹쌀 전복죽 끓여
깐새우 고명은 덤
소고기보다 비싼 전복이라 떠들어도
입술 살처럼 씹히니까
바닷가 가까이 사는
처제가 살갑고 예쁘고
그 마음 때문인지
굳이 참기름 한 방울 더 띄우지 않아도
고소한 김 솔솔 피어오르고
정이 있느니 없느니 하지만
후 후 불며 전복죽 후루룩 한 그릇 비우니
괜히 서운했던 마음까지 풀어지네

충무김밥

동피랑 가까운 중앙시장 횟집에서
처음 먹는 소복한 멸치무침회는
자정 졸음 쫓았고
고집 같은 충무김밥 먹고 싶어
횟집 주인 소개한 김밥집 지나쳐
욕쟁이 할매 김밥집 들렀건만
느닷없이 듣고 싶었던 욕은 없었다
살짝 긴장했던 힘 풀어지고
섬 낚시꾼들 새벽 출항 기다리며
할매와 풀어내는 수다에 귀 열었더니
욕 같지 않은 비릿한 욕 펄떡거리네

가늘고 속없는 충무김밥 시켜놓고
욕 들으며 웃을 수 있는

사람이 사람 미워할 수 없는 바다
내 안에 쌓인 무거움 비웠던 바다
물이 들어와야 나갈 수 있는 바다

밤새도록 쏟아낸 멀미 같은 시가
짧고 가는 충무김밥처럼 잘려
철썩이는 파도 여운처럼 사라지고
소금기 버석거리는 시 품고 왔다

박바가지밥

긴 집게 든 넝마주이와 헐벗은 거지
한쪽 팔 손 다리 없는 무서운 상이용사
멀쩡해도 먹고살기 힘든 시절
일할 수 없는 이들 살기 위해서는
밥 동냥뿐
어른 없는 집 혼자 있다가
이들 들이닥치면 너무 무서워 울었던 기억

손에 박바가지 쥐고
이 집 저 집 보리밥 한 주걱 나물 몇 젓가락 더하면
내 밥보다 맛있는 박바가지비빔밥

무서운 그 나물밥 먹고 싶어
엄마에게 보채면
대꾸도 않고 꿰맨 박바가지에 비벼주었는데

철들어 알고 보니
당숙이 무섭기로 유명했던 집게손 상이용사
밥보다 무서운 것은 없었다

땡초

가산식당에 몇 어울린 술자리
그다지 식성이 까다롭지 않은
여행사 형이
차림표에 없는 땡초달걀찌짐 주문했다

잘게 썬 초록 땡초
보기에 입술 따가울 만큼
흩뿌려져 있는데
먹을수록 입맛 달았고
어떤 음식이라도 땡초가 들어가야
살아 있는 맛이라 예찬하며
얼마인지 묻지도 않고
고맙다 맛있게 먹었다
다음에는 더 맵게 해달라며
서둘러 계산하는데

단골 식당 낯선 손님들이
정구지찌짐 순식간에 먹어 치우고
추가 주문하더니
계산할 때
정구지찌짐 값이 5,000원이라고 하니까
왜 3,500원 써 붙여 놓고 5,000원 받느냐고
시비가 붙었다
땡초를 넣었기 때문이라고
차림표 가격표시 아래 작은 글씨로
'땡초 추가 시 5,000'이라고 적혀 있다고 했으나
끝내 3,500원 계산을 고집했다
누나뻘 주인은 몹시 속상해
맛있게 먹었다더니 미친놈들이라며 투덜거렸던
기억이 설핏

매워 보여도 순한 사람이 있다

연잎밥

아낌없이 품어주는 맛에
꽃 지는 날도 행복합니다

이제 당신을
내 안에 온전히 들입니다

속에 담아 준 마음보다 더
더 사랑하겠습니다

가시두릅

꽃 오면
봄 왔다고 아우성이다

봄
그냥 때 되었다고
향기롭고 아름답게 오지 않아

살아남으려
가시 앞세워 오지

그때야 나는
봄 왔다고 외치지

예뻐도 가시 있으면
무서워 쳐다보기만 하지

겁내지 않고 먹는 두릅 가시가
겨우내 움츠렸던 심장 찌를 때
말랑말랑 두근거리는
봄인 거야

더덕

겨울 지나고 더덕꽃 보고 싶어
집 베란다 화분에 한 뿌리 심었다가
새순 나와 옹알이할 때
가는 지주대 세워주었다

마치 갓난아이 감당되지 않는
몸 뒤집고 기는 것처럼
지주대 감아 오르는 걸 보며
설렘도 줄기 뻗었다

오늘 아침
지주대 끝점 지나
처음 해 쫓아 허공에 걸음 떼었다
열여덟 내가
첨벙거리는 세상에 첫걸음 떼던 것처럼

저 더덕은 먹지 말아야지
오래 두고 향만 먹어야지
아니 더덕향 종소리처럼 울려 퍼지도록 놔둬야지

쑥

언 땅에 새순 돋으니
그 봄이
그 봄이라고 할지 모르겠으나
사는 동안 같은 봄은 없다

새봄

꽃향기 머리 띵하게 좋지만
가끔 풀향기 더 그립고 좋을 때 있다
차가운 속 따뜻해지는 쑥향

밭둑 강섶 어디서나 쑥
여린 쑥 쌀가루 버무려 찌는 생각만으로도
행복 쑥

얼갈이배추

작은 키 검고 긴 머리칼
화장 않은 얼굴마저 살짝 검은데
얼갈이배추 사던 할머니가
애처롭다는 듯이 손을 잡으며
어느 나라 사람이냐고 물었습니다
어색하게 웃으며 또박또박
"베트남 알아요? 베트남에서 시집왔습니다."라며
뒤에 멋쩍게 웃으며 서 있는
시아버지 바라보았고
칭찬 대신에 박수로
내 며느리라 대답했습니다
농사짓는다면 한국으로 시집오지 않겠다는
이주결혼여성 많다는데
마음은 안아주고 싶었습니다

"아유, 베트남에도 얼갈이배추가 있나?
 얼갈이배추보다 더 예쁘네."

무슨 말인지 어리둥절
시아버지가 웃으니 따라 웃었습니다
풋고추 호박 얼갈이배추 부추 무
팔리는 대로 시아버지에게 돈 건네며
노래하고 춤추듯 장사하는 며느리가
시집보낸 딸보다 사무치는 시아버지는
누구도 묻지 않았는데
바람 새는 혼잣말로 자랑하였습니다

"예쁘지요? 며느리가 아니라 내 딸이에요.
내 딸이에요."

말없이 웃고 서 있던 아저씨
얼갈이배추 두 단 봉지에 담았습니다

뚱딴지

채 썰어 말린
돼지감자 몇 번째 볶고 있다

"맛도 없는 걸 왜 볶아요?"

불쌍하다는 듯 얼굴 보고
아예 대꾸하지 않는다

"그거 볶아 뭐 하려고요?"

대답 대신 뜨거운 돼지감자
사정없이 입에 물린다

"아, 뜨거워!"

씹을수록 달고 고소한 맛
상상해 보지 않은 맛에 놀라며

"뭐 하러 집에서 볶아요?
 시장에 파는 거 있을 텐데…"

"누가 그걸 몰라요,
 뚱딴지같은 소리 말고 비켜요."

숨 가르는 날카로운 말에도
겁 없이 하나 더 깨물고 물러났다

아내가 모르고 한 말일까
뚱딴지가 돼지감자인 것을
맛없는 못난이감자
돼지가 먹는다고 돼지감자

아홉 번 볶는 정성
가없는 사랑을 먹는
나는 뚱딴지

옻순

옥천 사는 시인 박기영이
진달래 지는 봄마다
집 마당에서 벌이는 옻순 잔치는
다 열거할 수 없는
옻순 음식 맛볼 수 있는데
옻순 숙회가 최고다

셈 모르는 시인은
업으로 심고 가꾸고 쓰며
음식이 병 되고
음식으로 병 낫는 믿음으로
스스로 옻 되어
옻순 효능 설파한다

갖은 옻순 음식 먹고
은밀하고 부끄러운 곳 가려워
잠자리 쫓겨날 때

아유 거짓말에 속았다는 의심하며
난감한 옻올랐음에
온몸 비틀고 꼬며 참지만

옻순 생각만으로 가렵거나
아무렇지 않을 수 있고
죽을 수도 있는 옻순 잔치에
앞다투어 모이는 사람들은
옻 종교 신자인 것이다

옻올라야 건강하다는 믿음
그 미칠 듯한 가려움은
오롯이 살아있다는 증거이며
감히 어느 누구도 거부할 수 없는
한 시절 넘기는 굿

환대의 기억과 슬픔의 시간을 먹다

황정산
(시인, 문학평론가)

1. 들어가며

시인 김종필의 이번 시집은 음식에 관한 시들만으로 만들어졌다. 하지만 이 시에 등장하는 음식들은 특별한 음식들은 아니다. 우리 생활에서 흔히 볼 수 있는 음식들이 이 시집에 모두 등장한다. 어떤 음식들은 어린 시절 기억을 떠올리고, 또 어떤 음식들은 바로 어제 저녁 밥상 위에 올려 있었던 것이기도 하다. 이 시집 시들을 읽다 보면 우리가 참 많은 것들을 먹고 살았구나 하는 생각이 먼저 든다.

200년 전 프랑스 법관이자 음식 평론가였던 샤바랭 J. A. Brillat-Savarin이라는 사람은 "당신이 무엇을 먹었는지 말해달라, 그러면 당신이 어떤 사람인지 말해주겠다."라는 말을 했다고 한다. 한 사람이 먹은 음식이 바로 그의 정체성을 형성한다는 말이다. 음식은 한 사람의 기억을 지배하여 그 사람의 정서와 생각을 형성한다. 더 나아가 음식은 한 시대,

한 사회를 살았던 사람들에게 정서를 공유하게 하고 연대감을 갖게 한다. 음식은 한 사회의 문화이고 역사이기도 하다.

김종필 시인의 이번 시집 시들은 바로 음식을 통해 살펴본 삶의 기억이고 기록이다.

2. 함께 나눔으로의 음식

이 시집 시들은 모두 음식이 중요한 소재이다. 하지만 그 음식만이 크게 부각되어 있지는 않다. 김종필 시인은 음식 맛과 향이라든가 그것을 만든 과정, 또는 그 음식에 얽힌 에피소드 같은 것을 세세하게 묘사하지 않는다. 시인에게는 그 음식 자체보다는 그 음식을 사이에 두고 식탁 너머에 있는 사람이 중요하다. 누구와 함께 그 음식을 먹었는가가 그의 시에서 핵심적인 정조를 만들어 내고 있다.

을씨년스러운 저녁
작년 오늘처럼 모여들어
이 겨울 석쇠에 처음 굽는 양미리
고이는 침 삼키며
그동안 잘 지냈느냐 묻고
교통사고로 병원에 있는 아이
시골에 홀로 지내시는 부모
베트남 처가 다녀온

살아내는 이야기 맛나게 구우며
머리부터 꼬리까지 고루 익은
알배기 양미리 한 입 베어 물고
더 따뜻한 말씨
양미리 알처럼 쏟아놓을 수 있으니
아직은 살만하다
　　　…「양미리구이」전문

양미리는 가장 값싸고 대중적인 생선이다. 시인은 이 흔한 양미리를 여러 사람들과 함께 먹은 추억을 떠올린다. 양미리는 서로 다른 사람, 서로 다른 처지와 상황에 있는 사람들을 한 자리로 불러 모으는 음식이다. 석쇠에다 구워 둘러앉아 먹어야 하는 음식이기 때문이다. 민어나 농어 같은 맛이 좋은 고급 생선도 아니고, 조기나 갈치 같은 중요한 식재료로 대접받는 생선은 아니지만, 양미리는 우리의 입맛을 돌게 한다. 생선 자체 맛보다도 석쇠에 올려놓고 둘러앉아 함께 구워 먹는 그 시간의 소중함이 우리 침샘을 자극하기 때문이다. 양미리를 올려놓은 석쇠 주변에는 "살아내는 이야기"가 있고 양미리를 굽는 것은 바로 이렇게 각자 안부를 굽는 것이기도 하다. 그리고 이렇게 저렴한 음식이라도 함께 할 수 있는 시간이 있다는 것은 "아직 살만"한 행복이 남아 있다는 것임을 시인은 확인하고 있다.

그런데 함께한다는 것은 서로가 구별 없이 하나가 되는 것이 아니라 각자 따로, 그러나 서로가 존중하는 그런 사이가 되는 것이다. 다음 시는 음식을 통해 그것을 표현하고 있다.

> 귀한 양반 점잖게 먹는 밥이
> 따로국밥이었다지요
> 양반 아닌 사람 있을까요
>
> 쌀밥에 갖은 반찬 곁들이는 따로국밥
> 목울대 꿀렁이면
> 실없이 헛기침해도 좋습니다
>
> 이래저래 부대끼며
> 훌훌 불어 후루룩 마시는 국밥
>
> 앞선 시간 반추하듯
> 입 안에 든 밥알 굴리며 음미하는 따로국밥
>
> 맛 다르지요
> 사는 모습 다른 것처럼
>
> 귀한 그대 만난 오늘은
> 따로국밥 먹고 싶습니다
> ...「따로국밥」 부분

타인을 환대하는 것이 무엇인가를 생각하게 하는 작품이다. 따로국밥은 국밥이긴 하지만 국과 밥이 따로 제공되는 나름 품격을 갖춘 음식이다. 그러면서도 국과 밥이 잘 어우러져 밥을 주식으로 하는 우리 입맛에 딱 맞는 음식이다. 그런 점에서 그것은 따로 하지만 조화를 이룬다는 화이부동(和而不同)의 정신을 잘 보여 주는 음식이기도 하다. 시인은 바로 이러한 자세로 "귀한 그대"를 환대하고자 한다. 환대란 이렇게 서로 사는 모습이 다르지만, 그 다름을 인정하고 그 사람이 내 삶으로 들어왔을 때 받아들이고 대접하는 것이다. 그래서 원래는 "귀한 양반 점잖게" 먹는 음식이 따로국밥이었지만, 상대를 귀하게 여기는 환대의 정신을 가질 때 우리는 "양반 아닌 사람 있을까요"라는 말처럼 모두가 양반으로 대접받을 수 있는 평등한 세상이 될 수 있다고 시인은 생각하고 있다. 다음 시는 함께하는 정서를 좀 더 감각적으로 표현하고 있다.

> 묵은 말랑하다
> 입에 들어가는 것 중
> 더 말랑한 것은 없다
> 익은 김치 잘게 썬 고명
> 검은 눈처럼 뿌려진 김가루
> 그냥 보기만 해도
> 아 입술 벌어진다
> 첫 키스가 이 맛이었을까
> 말랑하고 달다
> ...「묵밥」전문

함께 하는 것 중 가장 강렬한 기억은 사랑하는 사람과 키스할 때 경험일 것이다. 시인은 담백한 묵 맛에서 이 짜릿한 시간을 감각적으로 느낀다. 그것은 묵에 여러 재료가 함께 했기 때문이다. 묵의 부드러운 식감과 김치의 매콤새콤한 맛, 그리고 "검은 눈처럼 뿌려진 김가루"의 시각적 느낌이 합쳐져 첫 키스 순간을 떠올리게 해준다. 사랑은 이렇게 나 아닌 것과 내가 시간과 상황을 뛰어넘어 감각적 일치를 이루는 것이다. 그것은 환대가 몸과 마음으로 가장 지극한 상태에 도달하는 순간의 경험이다. 묵밥을 먹은 기억을 이렇게 첫 키스 순간으로 연결하는 시인의 감각과 상상력이 놀라울 뿐이다.

3. 삶과 시간, 기록의 음식

사실 우리의 생활은 많은 부분이 음식으로 채워져 있다. 음식을 먹고 살아가고 또 음식을 위해 살아간다. 음식을 기억한다는 것은 그것과 함께한 삶과 그 삶의 시간을 기억한다는 것이기도 하다. 그러므로 음식에는 우리가 살았던 삶이 버무려져 있다. 그런 점에서 음식을 먹는다는 것은 그 기억을 반추하고 그 기억을 다시 내 몸 감각으로 받아들이고 재현하는 것이다.

> 공장일 몹시 힘겨울 때면
> 하루 품으로 먹는
> 뭉글뭉글 핏덩이처럼 검붉은 뭉터기

가을 잎 물들 듯 말라가는 나이
기왕이면 몸에 좋은 뭉티기 자주 먹으라던
젊은 한의사 말처럼
된밥에 뭉티기 한 점이면 힘 불끈

오직 몸으로 살아내야 하는 처지
혼자 다 먹을 수 있는 한 접시뿐이지만
내 살 한 점 떼어 주는 마음이면
세상살이 간격 좁혀질까 생각하는 목요일
　　　　　　　　　...「뭉티기」부분

소 엉덩이 살을 막 썰어낸 것을 '뭉티기'라고 한다. 시인은 비교적 싼 뭉티기로 공장 노동자의 힘겨움을 씻어내고 있다. 그 살코기 힘으로 "힘 불끈 / 오직 몸으로 살아내야 하는 처지"를 견뎌내며, 한 접시 내 살 같은 뭉티기 한 점씩 나누어 먹는 서로 돕고 평등한 대동 세상에 대한 소망을 가질 수 있었고, 지금도 시인은 뭉티기 한 점으로 그런 세상에 대한 꿈을 잃지 않는다. 다음 시 음식도 과거 시간을 환기하고 있다.

군복 입고 돌아오던 그 추웠던 날
밤 기차에서 졸다 대구역 광장 귀퉁이
포장마차 속 다닥다닥 붙어 서서 먹던
유부 찹쌀퐈배기 동동 뜨는 콩국
뾰족한 우울 방울방울 녹여 내렸지

그냥 우울할 때 설탕 조금 더
마냥 즐거울 때 소금 조금 더

> 늙고 작아지는 귀 시린 겨울이지만
> 귀 달린 작은 양은냄비에 담긴
> 노랗고 구수한 콩국 앞에 놓고
> 낯설지 않은 누군가 마주 앉길
> 바람 날 선 겨울 외롭지 않았으면
> ...「콩국」 전문

군대 시절은 고통의 기억을 떠올리게 한다. 육체적 고통뿐만 아니라 격리와 통제로 인한 자유의 억압이 그러한 고통을 가중시키기 때문일 것이다. 그러므로 군대로 돌아간다는 것은 "서럽던 날"일 수밖에 없다. 그 고통을 잊고 달래기 위해 시인은 "유부 찹쌀꽈배기 동동 뜨는 콩국"을 찾곤 했었다. 하지만 그것만으로 부족할 때 거기에 설탕과 소금은 우울을 달래고 즐거움을 배가시킨다. 군대라는 고통의 시간을 함께한 음식이 있다는 것은 그 고통의 기억을 잊지 않는다는 것이기도 하지만, 그것을 극복할 힘을 잃지 않고 있다는 것이기도 하다. 시인은 콩국이라는 음식을 대할 때마다 이 고통의 시간을 다시 환기하고 그 시절을 기억해 낼 것이다. 하지만 또한, 이 기억이 있어 세상에 편재하는 고통과 슬픔을 이해하고 그것을 넘어서고자 하는 꿈과 희망과 힘을 잃지 않을 것이다. 이 흔한 '콩국' 속에 이런 힘이 있음을 시인은 우리에게 구수한 언어의 힘으로 바꾸어 보여 주고 있다. 다음 시 음식은 가난했던 시절을 떠올리게 한다.

손발 꽁꽁 얼어붙을 때
따뜻한 구들 아랫목
두꺼운 이불 뒤집어쓰고
뜨거운 갱시기 후후 불며 먹던 기억난다고 중얼거렸더니
또래 공장 일꾼들도 가난한 시절이었지만
식구들 오들오들 떨며 먹던 날 그립다고

멸치 끓여 낸 국물에
먹다 남은 김치 더 잘게 썰고
밥 한 주걱 쌀떡 한 줌
콩나물 달걀 풀고 김가루 뿌려 간 본 후
참기름 한 방울 똑

한 숟갈 먹으니
더 맛있는 거 못 먹여 애타던 엄마
한 숟갈 먹으니
이미 늙었던 아버지
한 숟갈 먹으니
내 밥그릇 넘보던 형들

궁상스럽던 그 겨울 저녁 그리워
숟가락 들고
멍하니 입 열고 있으니
아내가 툭 툭

...「갱시기」 전문

'갱시기'는 경상도에서 많이 먹는 김치로 만든 죽이다. 그것은 식재료 구하기 힘든 겨울에 가장 손쉽게 만들 수 있는 음식이다. 그러면서도 한국 사람 입맛에 잘 어울리는 음식이어서 가난한 옛날을 추억할 때 자주 등장하는 음식이기도 하다. 시인 역시 이 궁상스러운 음식 맛을 그리워하면서 가난했던 옛날을 추억하고 있다. 그곳에는 늙은 아버지와 서로 먹을 것을 경쟁하던 형제들이 있었다. 하지만 그 시절에 "오들오들 떨며 먹던" 그 음식으로 그 가난한 시간을 견디고 지날 수 있었다. 그러므로 이 흔한 음식에는 그 시간의 고통과 슬픔의 기억이 고스란히 담겨 있다. 지금도 "그 겨울 저녁 그리워" 그 음식을 찾는 것은 그 음식에 배어 있는 시간의 맛을 시인은 느끼고 있기 때문일 것이다. 그것은 다른 어떤 비싼 음식으로도 대체할 수 없는 맛이다. 이 음식을 기억하고 아직도 그 맛을 느낄 수 있다는 것은 시인 자신이 그 기억의 시간을 거쳐 왔고, 이 음식이 자신의 삶과 자신 몸 일부가 되었다는 것을 의미한다. 그런 점에서 '갱시기'는 그냥 음식이 아니라 시인 자신의 정체성 일부이다. 다음 시 음식도 과거 가난한 시절을 떠올린다.

먹을 게 귀하던 시절
욕심 부려
이웃집 배추뿌리도 캤는데

어른 되고 사철 먹거리 넘치니
언젠가 선술집 배추뿌리가
비싼 인삼 대접이라
어이없는 웃음이 터졌다

추억만 남겨 준 아버지 먼 길 떠나시고
한 뼘 언 땅 없는 나는
김장이라는 말만 들어도
아삭아삭 그리웠네
　　　　　...「배추뿌리」부분

　가난했던 어린 시절 먹을 게 없어 먹던 '배추뿌리'가 귀한 음식으로 대접받고 있는 현실에 어이없어 웃으면서 시인은 그 시절 먹던 그 배추뿌리 맛을 잊지 못한다. 가난했기에 아버지는 "추억만 남겨" 주고 "먼 길 떠나시고" 안 계신다. 그래도 그 추억을 남겨 주신 아버지 존재를 시인은 배추뿌리 맛과 함께 그리워한다. 그 시간이 지금 자신을 만들고, 그 시간을 잊지 않는 자신이 있어 배추뿌리 맛은 아직 살아 있다. 비록 그것이 가난의 흔적을 지우고 비싸고 귀한 음식 대접을 받고 있지만, 그 맛에 배어 있는 기억은 뚜렷이 시인 혀를 통해 자신의 몸에 각인되어 있다. 그래서 음식은 과거뿐 아니라 미래의 시간까지 떠올리게 해 준다.

얼었다 녹았다

고소함 흘러내리는 꽁치과메기
첫눈 내려야 맛있다는데

저녁 와도
아침 와도

얼었다 녹았다

기다림에 애타는 마음 비릿하네
첫눈 내려야 맛있다는데
...「과메기」전문

    과메기는 때가 되어야 먹을 수 있는 음식이다. 추운 겨울에 해풍을 맞으며 얼었다 녹았다를 반복하는 건조 과정을 거쳐야 만들어지는 음식이기 때문이다. 시인은 그 과메기를 먹을 수 있을 시간이 오기를 기다리고 있다. 그런데 시인은 "얼었다 녹았다"를 두 행이나 반복하여 강조하고 있다. 한 음식이 만들어지는 시간, 그리고 그것을 먹고 즐기기 위한 시간은 쉽게 오는 것이 아님을 확인하기 위해서일 것이다. 어떤 음식이든 그 음식에는 시간과 그 시간의 기억들이 스며있다. 그것에는 삶의 기쁨과 고통이 새겨져 있다는 말이기도 하다. 과메기는 그 자체로 그것을 몸소 보여 준다. 시인은 이 모든 시간을 지나 과메기 맛을 즐길 수 있는 시간이 다가오기를 소망하고 있다. 이 애타는 기다림의 시간이 바로 과메기 맛을 완성한다. 개인의 행복도, 더 나은 세상도, 이 기다림의 시간이 없으면 불가능하다는 것을 이 과메기가 우리에게 가르쳐 주고 있다고 봐도 과언은 아니다. 시인은 이 과메기의 말을 우리에게 전언해 주고 있다.

4. 맺으며

　김종필 시인의 언어는 이 시집 속에 등장하는 음식들만큼이나 소박하다. 하지만 이 소박한 언어는 읽을수록 그 안에 배어 있는 말의 맛이 살아난다. 꾸밈없고 담백한 언어로 표현된 시를 읽을수록 시에 등장하는 음식 감칠맛이 살아나 그 음식과 그 음식이 환기하는 과거 시간으로 우리를 빠져들게 만든다. 그 음식에는 가난했던 과거 시간이 기록되어 있고, 그 시간 속에서 겪었을 고통과 슬픔이 배어 있어 이 음식 기억들은 아련한 추억 속으로 우리를 몰고 가면서도 그것들을 다시 이겨낼 수 있는 어떤 힘을 소생시킬 에너지원을 만들어 내기도 한다. 거기에는 그 음식과 함께했던 사람들에 대한 사랑과 환대가 들어 있기 때문이다. 우리는 오늘도 이 시집에 실려 있는 음식을 먹지만, 사실 우리가 먹는 것은 바로 이 사랑의 기억이 아닐까 한다.